FARMHOUSES
& HOMESTEADS

FERMES
& FERMES-CHÂTEAUX

BOERDERIJEN
& KASTEELHOEVES

FARMHOUSES
& HOMESTEADS

FERMES
& FERMES-CHÂTEAUX

BOERDERIJEN
& KASTEELHOEVES

BETA-PLUS

TERRA

FOREWORD

Historical farmhouses, quadrangular farms and castle farms form an important part of the heritage of the Low Countries.

More and more interior designers, architects, restorers and private individuals with a passion for old buildings are realising that this heritage must not be lost.

Now that there is a constant decrease in the number of active farms, more ancient farmhouses are finding new owners. They are being restored to make contemporary residential farms, with all modern comforts and luxury, but with the authentic character and the surrounding natural landscape as additional bonuses.

This book is a plea for a reassessment of this rich, rural architectural history. Whether it's a seventeenth-century convent farm, a nineteenth-century long-fronted farmhouse, or the stylistically faithful reproduction of an authentic eighteenth-century farm complex, these unique creations all combine the past and the present, the house and its rural surroundings in a stunning way.

Wim Pauwels
Publisher

PREFACE

Qu'elles soient carrées, fortifiées ou tout simplement anciennes, les fermes constituent un pan important de notre patrimoine.

De plus en plus d'architectes (d'intérieur), de restaurateurs et de particuliers passionnés de demeures historiques prennent conscience de la valeur de cet héritage.

Avec le recul du nombre de fermes en activité, de plus en plus de ces bâtiments séculaires passent dans de nouvelles mains. Ils sont transformés en fermes à vivre contemporaines, disposant de confort et de luxe modernes, mais dotés d'un caractère authentique et d'un environnement naturel unique comme atouts supplémentaires.

Cet ouvrage constitue dès lors un plaidoyer en faveur de la revalorisation de ce riche passé architectural de nos campagnes.
Qu'il s'agisse d'une ferme-abbaye du XVIIᵉ siècle, d'une ferme à longue façade du XIXᵉ siècle ou d'une réplique stylistiquement fidèle d'un complexe agricole du XVIIIᵉ, présent et passé se mêlent souvent dans des réalisations uniques et l'habitation s'intègre dans son environnement rural de manière exceptionnelle.

Wim Pauwels
Éditeur

VOORWOORD

Historische hoeves, vierkantsboerderijen en kasteelhoeves vormen een belangrijk onderdeel van het patrimonium in de Lage Landen.

Steeds meer (interieur-)architecten, restaurateurs en particulieren met een passie voor oude gebouwen beseffen dat dit erfgoed niet verloren mag gaan.

Nu het aantal actieve landbouwbedrijven alsmaar afneemt, komen ook steeds meer eeuwenoude hoeves in nieuwe handen. Ze worden gerestaureerd tot eigentijdse woonboerderijen, met alle hedendaagse leefcomfort en luxe, maar met het authentieke karakter en het omringende natuurlandschap als extra troeven.

Dit boek vormt een pleidooi voor de herwaardering van dit rijke, rurale bouwverleden. Of het nu gaat om een zeventiende-eeuwse kloosterhoeve, een negentiende-eeuwse langgevelboerderij of de stijlgetrouwe replica van een authentiek hoevecomplex uit de achttiende eeuw: steeds worden heden en verleden, de woning en haar landelijke omgeving op schitterende wijze verzoend in unieke realisaties.

Wim Pauwels
Uitgever

CONTENTS

Restoration of a 17th-century convent farm 10

As though risen from the ashes 58

Complete restoration of a 19th-century long-fronted farmhouse 94

Transformation of a 200-year-old farmhouse
into a classic contemporary country home 116

Rehabilitation of the historic Vaucellehof 140

Restored with a gentle touch 180

Contemporary transformation of an 18th-century farmhouse 200

Addresses 223

SOMMAIRE

INHOUD

Restauration d'une ferme-abbaye du XVIIe siècle   10

Re-naissance   58

Restauration en profondeur d'une ferme du XIXe siècle   94

Transformation d'une ferme de 200 ans en maison
de campagne classique contemporaine   116

Restauration du domaine historique de Vaucelle   140

Restauration en douceur   180

Transformation contemporaine d'une ferme du XVIIIe siècle   200

Adresses   223

Restauratie van een 17de-eeuwse kloosterhoeve   10

Als uit de as herrezen   58

Ingrijpende restauratie van een 19de-eeuwse langgevelboerderij   94

Transformatie van een 200 jaar oude boerderij
tot klassiek hedendaags landhuis   116

Eerherstel voor het historische Vaucellehof   140

Met zachte hand gerestaureerd   180

Hedendaagse transformatie van een 18de-eeuwse hoeve   200

Adressen   223

RESTORATION OF A 17TH-CENTURY CONVENT FARM

RESTAURATION D'UNE FERME-ABBAYE DU XVIIE SIECLE

RESTAURATIE VAN EEN 17DE-EEUWSE KLOOSTERHOEVE

This enclosed convent farm, situated in Flemish Brabant, was built in the seventeenth century with a double wall:
one around the farm buildings and one around the farmyard.
The low-lying farmhouse was in a very bad state of repair.
The house, consisting of two floors and seven bays, the stables and the barn, the gatehouse and the small service buildings
were all restored very thoroughly and adapted by architect *Bernard De Clerck*.
The moat was dug out, the grounds were laid out according to the old model and supplemented with new rows of trees. The canals have been deepened.
Antiques and decoration: *Garnier*. Reclaimed materials: *Rik Storms*.

Cette ferme-abbaye fermée, située dans le Brabant Flamand, a été construite au XVIIe siècle à l'intérieur d'une double fortification :
l'une pour les bâtiments de ferme et l'autre pour la basse-cour.
La ferme, située en bas, était en très mauvais état.
Le corps de logis, composé de deux niveaux et de sept travées, les étables, la grande remise, le portail et les petits bâtiments de service
ont été entièrement restaurés et adaptés par l'architecte *Bernard De Clerck*.
Les douves ont été creusées, les terres ont retrouvé leur ancienne disposition et ont été enrichies de nouvelles rangées d'arbres. Les fossés ont été approfondis.
Antiquités et décoration: *Garnier*. Matériaux anciens: *Rik Storms*.

Deze gesloten kloosterhoeve, gelegen in Vlaams Brabant, werd in de zeventiende eeuw gebouwd met een dubbele omwalling:
één voor de hoevegebouwen en één voor het neerhof.
De laag gelegen hoeve was bouwfysisch in zeer slechte staat.
Het woonhuis, bestaande uit twee niveau's en met zeven traveeën, de stallen en de grote schuur, het poorthuis en de kleine dienstgebouwen,
werden zeer grondig gerestaureerd en aangepast door architect *Bernard De Clerck*.
De slotgracht werd uitgegraven, de landerijen werden naar oud model heraangelegd en met enkele nieuwe bomenrijen aangevuld. De grachten werden uitgediept.
Antiek en decoratie: *Garnier*. Historische bouwmaterialen: *Rik Storms*.

The cobbled path leads to the gatehouse of the quadrangular farm.

L'allée pavée mène au portail de cette ferme carrée.

Het pad in kasseien leidt naar het inrijpoortgebouw van de vierkantshoeve.

The eastern façade with the gatehouse.

La façade est avec le portail.

De oostgevel met poortgebouw.

View through the gatehouse to the stables.

Vue du portail vers les étables.

Zicht doorheen het poortgebouw naar de stallen.

The entrance of the barn.

L'entrée de la vaste grange.

De inkompoort van de grote schuur.

The courtyard with the front of the farmhouse and the
gatehouse with the small outbuildings.

La cour intérieure avec la façade de la maison et le portail avec
les petites annexes.

De binnenkoer met de voorgevel van het boerenhuis en het
poortgebouw met de kleine bijgebouwen.

The inner courtyard with the stables and barn.

La cour intérieure avec les étables et la grande remise.

De binnenkoer met stallen en grote schuur.

The courtyard with the barn and small outbuildings.

La cour intérieure avec l'imposante grange et les petites annexes.

De binnenkoer met de grote schuur en de kleine bijgebouwen.

Reflection of the house in the surrounding moats.

Reflet du corps de logis dans les fossés.

Spiegeling van het woonhuis in de omwalling.

The design of the flower garden by the kitchen is a reminder of the location of an earlier vegetable garden.

La création d'un jardin fleuri près de la cuisine rappelle l'ancien potager.

De vormgeving van de bloementuin aan de keuken herinnert aan de locatie van een vroegere groententuin.

The former main entrance (with sandstone round-arch door) now provides access to the kitchen.

L'ancienne entrée (avec porte arrondie en grès) permet désormais d'accéder jusqu'à la cuisine.

De vroegere hoofdinkom (met zandstenen rondboogdeur) biedt nu toegang tot de keuken.

The swimming pool has a sheltered position by the garden wall and the wooden "cart house".

La piscine s'insère entre le mur du jardin et la remise en bois.

Het zwembad ligt beschut aan de tuinmuur en het houten "karrenhuis".

This oak construction makes outdoor dining possible.
Twig chairs accentuate the rural atmosphere.

Grâce à cette construction en chêne, on peut manger à l'extérieur.
Des chaises de vannerie accentuent l'atmosphère campagnarde.

Buitentafelen kan dankzij deze eikenhouten constructie.
Twijgenstoelen accentueren de landelijke sfeer.

The large entrance hall looks out onto the summer room.

Le grand hall donne sur le salon d'été.

De grote inkomhal kijkt uit naar de zomerplaats.

The new entrance hall with a view through to the first floor.

Le nouvel escalier en pierre mène aux chambres.

De nieuwe hoofdtrap in steen geeft uit op de slaapvertrekken.

The authentic 18th-century (Louis XVI) staircase leads from the kitchen to the "upstairs room".

L'authentique escalier du XVIIIe (Louis XVI) permet d'accéder de la cuisine à la pièce à l'entresol.

Het authentiek 18de-eeuwse (Louis XVI-) trappenhuis leidt vanuit de keuken naar de "opkamer".

The new main stone staircase opens out onto the sleeping quarters.

Le nouveau hall avec vue sur l'étage.

De nieuwe inkomhal met doorzicht naar de verdieping.

The summer living room has been laid with cooling terracotta tiles.

Le salon d'été a été pavé avec des tommettes anciennes en terre cuite.

Het zomersalon werd "koel" geplaveid met oude terracotta tegels.

The light creates a special atmosphere in this summer room.

Les jeux de lumière créent une ambiance feutrée dans ce séjour d'été.

De lichtinvallen schenken een bijzondere sfeer aan deze zomerplaats.

The daytime sitting room with its bleached-elm wall panelling. The window provides a view through to the "upstairs room". Underneath is the entrance to the old vaulted cellar.

Le salon quotidien aux murs revêtus de panneaux d'orme blanchis. La fenêtre s'ouvre sur la pièce à l'entresol. En dessous, on aperçoit l'accès de l'ancienne cave voûtée.

De dagelijkse zitplaats met muurpanelen in bleek olmenhout. Het venster biedt een doorkijk naar de opkamer. Daaronder de toegang naar de oude gewelfde kelder.

The daytime living room.

Le salon utilisé au quotidien.

Het dagelijkse salon.

The library is panelled throughout in painted solid wood panelling.
The stone fireplace has been painted black.

La bibliothèque est entièrement lambrissée de bois massif peint.
La pierre de la cheminée est peinte en noir.

De bibliotheek bestaat volledig uit massief houte, geschilderde lambriseringen.
De natuurstenen open haard werd zwart geverfd.

This multi-purpose room was constructed from reclaimed trusses. The wooden wall conceals stairs leading to the attic room.

Cet espace polyvalent a été créé avec des poutres de récupération. Le mur en bois dissimule un escalier qui mène au grenier.

Deze polyvalente ruimte werd heropgebouwd met gerecupereerde dakgebintes. De houten wand verbergt een trap die leidt naar de zolderkamer.

The "upstairs room", the special room where guests and friends are received for elegant dinners.

L'entresol où les invités et les amis sont reçus pour des dîners pleins de charme.

De "opkamer" of mooie kamer waar gasten en vrienden ontvangen worden voor elegante diners.

View through from the high-ceilinged kitchen to the dining room.

Vue de la cuisine principale vers la salle à manger.

Doorzicht vanuit de hoge keuken naar de eetkamer.

The washing-up area in the large kitchen.

L'espace où on fait la vaisselle dans la cuisine principale.

De afwasruimte in de grote keuken.

The stove and the breakfast table are in a different part of the kitchen.

La cuisinière et la table du petit-déjeuner sont installées dans une autre partie de la cuisine.

Kookfornuis en ontbijttafel staan in een ander deel van de keuken.

>>>
The kitchen with a view through to the flower garden.

La cuisine avec vue sur le jardin fleuri.

De keuken met doorzicht naar de bloementuin.

The rear entrance with an old marble washbasin on a brick plinth.

L'entrée arrière, avec un lavabo ancien en marbre sur un socle en maçonnerie.

De achterinkom met een oud marmeren wastafel op een gemetselde sokkel.

The large built-in oak cupboard unit with an integrated door leading to the storage cellar.

Le grand vaisselier en chêne intègre une porte qui conduit à la cave à provisions.

De grote vaatkastwand is in eiken uitgevoerd, met een geïntegreerde deur die leidt naar de voorraadkelder.

The monochrome white washing area.

La buanderie est réalisée en blanc monochrome.

De wasplaats in monochroom wit.

Under the "upstairs room" there are half-sunken vaulted cellars containing the cloakroom, the storage cellar and the wine cellar.

Sous l'entresol se trouvent des caves voûtées semi-enterrées, où a été installé le vestiaire quotidien, ainsi que les caves à provisions et à vin.

Onder de opkamer bevinden zich halfverzonken gewelfde kelders waar de dagelijkse vestiaire, de vooraad- en wijnkelders werden ondergebracht.

The ordinary entrance links the front and back of the house underground, as well as the flower garden and the courtyard. The cloakroom cupboards have openwork panels.

Le hall quotidien relie en sous-sol les façades avant et arrière, ainsi que le jardin fleuri et la cour intérieure. Les armoires du vestiaire sont réalisées en panneaux ajourés.

De dagelijkse inkom verbindt ondergronds de voor- en achtergevel met elkaar, evenals de bloementuin en de binnenkoer. De vestiairekasten werden uitgevoerd in opengewerkte panelen.

Steps from the cellar to the courtyard. Old white stone and bluestone have been reused. A new vault has been constructed under the steps leading to the upstairs room.

Petit escalier menant de la cave à la cour intérieure. Pierre blanche ancienne et pierre bleue de récupération. Sous le palier de l'entresol, une nouvelle voûte a été maçonnée.

Trapje vanuit de kelder naar de binnenkoer. Oude witsteen en blauwe hardsteen werden hergebruikt. Onder de bordes van de opkamer werd een nieuw gewelf gemetseld.

View from the storage cellar to the wine cellar.

Vue de la cave à provisions vers la cave à vin.

Zicht vanuit de voorraadkelder naar de wijnkelder.

The bedroom and dressing room of the owners, done in elm.

La chambre des propriétaires et le dressing, en bois d'orme.

De slaapkamer van de eigenaars annex dressing, uitgevoerd in olmenhout.

The bedroom for friends of the family, with a wooden wall that the beds can be placed against.

La chambre d'amis, avec une paroi de bois contre laquelle les lits ont été placés.

De vriendenslaapkamer met ingeplaatste houten wand waartegen de bedden geplaatst werden.

The main bathroom with a freestanding bath and large, built-in niches for the washbasins.

La salle de bains principale à baignoire indépendante et des grands lavabos en maçonnerie.

De hoofdbadkamer met vrijstaand bad en grote, uitgemetselde wastafelnissen.

The guest bedroom.

La chambre d'amis.

De vriendenslaapkamer.

The new staircase.

La nouvelle cage d'escalier.

De nieuwe trapzaal.

The attic room under the roof on the second floor.

Le grenier sous la charpente au deuxième étage.

De zolderkamer onder het gebinte op de tweede verdieping.

The bedrooms in the attic.

Les chambres dans le grenier.

De slaapvertrekken op de zolderverdieping.

The pink and blue bedrooms.

Les chambres roses et bleues.

De roze en blauwe slaapkamers.

AS THOUGH RISEN FROM THE ASHES

RE-NAISSANCE

ALS UIT DE AS HERREZEN

The Brabant farm in this report appears to have been standing for centuries, but appearances can be deceptive:
this country house was completely constructed with old building materials by architect *Stéphane Boens*.
Boens took inspiration for this project from the authentic eighteenth-century farmhouses that were common in Walloon Brabant:
a long driveway leading to an entrance gate that would open out on to an inner courtyard with a main building and several outbuildings.

La ferme brabançonne de ce reportage semble exister depuis des siècles, mais les apparences sont trompeuses :
le bâtiment a été entièrement érigé en matériaux anciens par l'architecte *Stéphane Boens*.
Ce dernier s'est inspiré d'authentiques fermes du XVIIIᵉ siècle comme on en rencontre dans le Brabant Wallon :
une longue allée mène au portail qui débouche sur la cour intérieure avec un bâtiment principal et plusieurs annexes.

De Brabantse hoeve in deze reportage lijkt er al eeuwenlang te staan, maar schijn bedriegt:
het landhuis werd volledig in historische bouwmaterialen opgetrokken door architect *Stéphane Boens*.
Architect *Boens* inspireerde zich voor dit project op de authentieke achttiende-eeuwse boerderijen zoals men deze in Waals Brabant vaak aantrof:
een lange oprijlaan leidde naar een inkompoort die uitgaf op een binnenkoer met een hoofdgebouw en meerdere bijgebouwen.

The use of reclaimed materials throughout gives this newly-built farmhouse a timeless feeling: age-old stone slabs, reused cobbles, reclaimed roof tiles and bricks.

Le recours à des matériaux anciens donne à cette nouvelle construction un cachet intemporel : dalles de pierre naturelle séculaires, pavés, tuiles et briques de récupération,…

Het doorgedreven gebruik van recuperatiematerialen geeft deze nieuwgebouwde hoeve een tijdloze uitstraling: eeuwenoude natuursteendallen, hergebruikte kasseien, gerecupereerde dakpannen en bakstenen, …

The farmhouse has been built on a slope with a view of a vast, hilly panorama.
An indoor swimming pool has been accommodated in the right-hand section of the farm complex (the "barn").

La ferme a été bâtie sur une colline : la vue sur le paysage vallonné est magnifique.
Dans la partie droite de la ferme ("la grange"), une piscine intérieure a été aménagée.

De hoeve werd gebouwd op een helling: men heeft er een uitzicht op een weids, glooiend panorama.
In het rechtergedeelte van het boerderijcomplex (de "schuur") werd een binnenzwembad ondergebracht.

A fascinating contrast between the sophisticated
materials and furnishings and the informal, rural
surroundings.

Superbe contraste entre les matériaux et les
meubles raffinés et l'environnement informel,
campagnard.

Boeiend contrast tussen de geraffineerde
materialen en meubelen en de informele,
landelijke omgeving.

The team of *Axel Vervoordt*, the renowned antiques dealer and interior designer, was responsible for selecting the curtains and chairs, in close consultation with architect *Stéphane Boens*.

L'équipe du célèbre antiquaire / décorateur *Axel Vervoordt* a choisi les tentures et les fauteuils en étroite collaboration avec l'architecte *Stéphane Boens*.

Het team van de gerenommeerde antiquair / decorateur *Axel Vervoordt* stond in voor de keuze van de gordijnen en de zetels, in nauwe samenspraak met architect *Stéphane Boens*.

In the breakfast corner, the architect shows a
fondness for natural, rustic materials.
The monochrome white colour palette lends a
contemporary cachet.
The paintings are by artist *Caroline Ancion*.

Dans le coin petit-déjeuner, l'architecte affiche sa
préférence pour les matériaux bruts, naturels.
La palette de blancs monochromes donne un cachet
contemporain.
Les tableaux sont signés *Caroline Ancion*.

In de ontbijthoek toont de architect een voorliefde
voor brute, natuurlijke materialen.
Het monochroom witte kleurenpalet zorgt voor een
hedendaags cachet.
De schilderijen zijn van kunstenares *Caroline Ancion*.

Symbiosis of nature and culture: all over the house, *Boens* has brought the rural surroundings indoors.

Symbiose de la nature et de la culture : partout, l'architecte *Boens* a intégré l'environnement campagnard.

Symbiose van natuur en cultuur: overal in de woning haalde architect *Boens* de landelijke omgeving naar binnen.

A central block with rinsing sinks has been placed in the contemporary classic country kitchen.

Dans cette cuisine classique et campagnarde, les éviers se trouvent dans un bloc central.

In de hedendaags klassieke landelijke keuken werd een centraal blok met spoeltafels geplaatst.

The rooms of the interior swimming pool, which is in the barn, have been clad with old terracotta clinker bricks.

Les espaces de la piscine intérieure, aménagés dans la vaste grange, ont été revêtus de briques en terre cuite anciennes.

De ruimtes van het binnenzwembad, ondergebracht in de grote schuur, werden bekleed met oude terracotta klinkers.

The edges of the swimming pool have been finished in hand-worked bluestone.
The large arched windows ensure continual contact with the breathtaking natural landscape.

La piscine est entourée de pierre bleue naturelle travaillée à la main.
Les grandes fenêtres arrondies assurent un lien permanent avec le magnifique paysage environnant.

Het zwembad werd afgeboord met manueel bewerkte blauwe hardsteen.
De grote boogramen zorgen voor een voortdurend contact met het adembenemende natuurlandschap.

The bath and shower rooms and the dressing room in the swimming-pool barn.

Les salles de bains et de douche et le vestiaire dans la grange de la piscine.

De bad- en doucheruimtes en de kleedkamer in de zwembadschuur.

Here too, the old hand-fired clinkers create a casual, rustic atmosphere.

Ici aussi, les anciennes briques de terre cuite à la main donnent une touche nonchalante, campagnarde.

Ook hier zorgen de oude, handgebakken klinkers voor een nonchalante, landelijke uitstraling.

The corridor leading to the bedrooms and the upstairs part of the house.

Le hall de nuit qui mène aux chambres situées à l'étage de l'habitation.

De nachthal die leidt naar de slaapkamers op de bovenverdieping van het woongebouw.

Wood and stone have been combined harmoniously in the bathrooms.

Dans les salles de bains, bois et pierre naturelle se marient harmonieusement.

In de badkamers werden hout en natuursteen harmonieus gecombineerd.

Space has been found for the studio of artist *Caroline Ancion* underneath the roof of this farmhouse.

L'atelier d'artiste de *Caroline Ancion* a trouvé sa place sous le faîte de cette ferme à vivre.

Het kunstenaarsatelier van *Caroline Ancion* vond een plaats onder de nok van deze woonboerderij.

COMPLETE RESTORATION
OF A 19TH-CENTURY LONG-FRONTED FARMHOUSE

RESTAURATION EN PROFONDEUR
D'UNE FERME DU XIXE SIÈCLE

INGRIJPENDE RESTAURATIE VAN EEN 19DE-EEUWSE LANGGEVELBOERDERIJ

This nineteenth-century long-fronted farmhouse (ca. 1850), situated in Oisterwijk (near Tilburg) in the south of the Netherlands,
has been completely restored to create a distinctive country house.
The restoration was particularly thorough: only the exterior walls of the original farmhouse have remained intact.
An authentic, relaxed country atmosphere has been created inside the house, thanks to the tasteful combination of old building materials and rustic antiques.

Cette ferme à longue façade du XIXe siècle (vers 1850), située à Oisterwijk, près de Tilburg, dans le sud des Pays-Bas, a été transformée en une maison de campagne pleine de caractère.
La restauration a été radicale : seuls les murs extérieurs de la ferme originelle ont été conservés.
A l'intérieur, la combinaison harmonieuse de matériaux anciens et d'antiquités de style rustique crée une authentique atmosphère rurale et nonchalante.

Deze negentiende-eeuwse langgevelboerderij (ca. 1850), gelegen in het Zuid-Nederlanse Oisterwijk (nabij Tilburg), werd grondig getransformeerd tot een karaktervol landhuis.
De restauratie was bijzonder ingrijpend: enkel de buitenmuren van de oorspronkelijke hoeve bleven intact.
Binnenshuis werd, dankzij de smaakvolle combinatie van historische bouwmaterialen en landelijk antiek, een authentiek rurale, nonchalante sfeer gecreëerd.

The restoration work has only recently been completed, but the interior of this 19th-century farmhouse has an age-old feel to it: a coffee table made from a sixteenth-century door, a still life (ca. 1800), an 18th-century light, an old-elm floor and chairs by *Axel Vervoordt*.

Les travaux viennent d'être terminés, mais l'intérieur de cette ferme du XIXe siècle semble pourtant empreint d'une patine séculaire : une table de salon qui est une porte du XVIe siècle, une nature morte réalisée vers 1800, un lustre du XVIIIe siècle, un plancher ancien en orme et des fauteuils d'*Axel Vervoordt*.

De restauratiewerken zijn pas recent afgerond, maar toch straalt het interieur van deze 19de-eeuwse hoeve een eeuwenoude patine uit: een salontafel gemaakt van een deur uit de zestiende eeuw, een stilleven (ca. 1800), een 18de-eeuwse luchter, een vloer in oude olmen en zetels van *Axel Vervoordt*.

The rear entrance on the ground floor.
Stairs in reclaimed oak, flooring in old bluestone slabs.
All the interior doors have also been reclaimed from elsewhere.

L'entrée arrière du rez-de-chaussée.
Escalier en chêne ancien, dallage en pierres bleues anciennes.
Toutes les portes intérieures sont également des matériaux de récupération.

De achterinkom op de gelijkvloerse verdieping.
Trap in gerecupereerd eikenhout, bevloering in oude arduinen dallen.
Ook alle binnendeuren werden elders gerecupereerd.

>>>
To the extreme left is an eighteenth-century Frisian bracket clock.

A l'extrême gauche, une horloge frisonne du XVIIIe siècle.

Uiterst links een achttiende-eeuwse Friese stoeltjesklok.

An old-oak wooden floor has been laid in the library.

Dans la bibliothèque, on a posé un plancher de chêne ancien.

In de bibliotheek werd een oude eiken plankenvloer geplaatst.

This room reveals the owners' passion for rustic antiques: a portrait (ca. 1630) above a painted wooden chimneypiece, a reclaimed elm floor, old-oak interior doors and shelves and an antique oriental cupboard.

Cette pièce trahit la passion des propriétaires pour les antiquités rustiques : un portrait (vers 1630) surmonte la cheminée en bois peint, un plancher en orme de récupération, de vieilles portes et des parois de bibliothèque en chêne ancien, une armoire antique orientale,…

Deze kamer verraadt de passie van de eigenaars voor landelijk antiek : een portret (ca. 1630) boven een geschilderde houten schouw, een recuperatie olmen vloer, oude eiken binnendeuren en bibliotheekwanden, een antieke Oosterse kast, …

The kitchen bathes in a timeless atmosphere: old Boom terracotta tiles on the floor, a counter with a Carrara marble surface,
a bluestone sink with tiling of traditional Dutch 'witjes' and 'tortoise-shell' tiles.

Une atmosphère intemporelle dans la cuisine : tommettes anciennes de Boom au sol,
plan de travail en marbre de Carrare, évier en pierre bleue, carrelage hollandais ancien et petits carreaux.

De woonkeuken baadt in een tijdloze sfeer : oude Boomse terracotta plavuizen op de vloer,
een aanrecht met blad in Carrara marmer, een arduinen spoelbak met wandbekleding in Hollandse "witjes" en schildpadtegeltjes, ...

The entrance hall has been painted with green lime paints. Old terracotta floors have also been laid here.

Le hall d'entrée a été peint en tons vert chasseur. Ici aussi, on a posé des tommettes en terre cuite séculaires.

De inkomhal werd geschilderd met jachtgroenkleurige kalkverven. Ook hier werden eeuwenoude terracotta vloeren geplaatst.

A hunting trophy (deer antlers) has been transformed into a light. Around the table is a pair of antique Dutch chairs.

Un trophée de chasse (ramure) a été transformé en lustre. Autour de la table, une série de vieux fauteuils hollandais.

Een jachttrofee (hertengewei) werd tot luchter omgetoverd. Rond de tafel een stel oude Hollandse knopstoelen.

Antique baking equipment above cane furnishings by *Claartje de Gruyter*.

D'anciens instruments de boulanger surmontent des meubles en vannerie de *Claartje de Gruyter*.

Antieke bakkersattributen boven rieten meubilair van *Claartje de Gruyter*.

>>>

During the restoration work all of the interior walls were knocked down, but the atmosphere of yesteryear still prevails: old timber and hand-fired tiles and a tree trunk that has been transformed to make a coffee table.

Pendant les travaux de restauration, tous les murs intérieurs ont été démolis, mais le charme d'antan a été préservé : colombages anciens, carreaux cuits à la main séculaires, une souche d'arbre transformée en table de salon, ...

Tijdens de restauratiewerken werden alle binnenmuren gesloopt, maar toch heerst hier de sfeer van weleer : oud vakwerk, eeuwenoude handgebakken tegeltjes, een boomstronk die tot salontafeltje werd getransformeerd, ...

Reclaimed oak floors and beamed ceiling on the way to the children's bedroom.

Le plancher en chêne de récupération et le plafond à poutres mènent à la chambre des enfants.

Gerecupereerde eiken plankenvloeren en balkenplafonds leiden naar de kinderslaapkamer.

A cast-iron skylight above an old bath with feet,
also made of cast iron.
Floor in old white marble from Carrara.

*Une lucarne en fonte surmonte une vieille
baignoire sur pieds, également en fonte.
Sol en marbre blanc ancien de Carrare.*

Een gietijzeren dakraampje boven een oud bad op
poten, eveneens in gietijzer.
Bevloering in oude witte marmer uit Carrara.

In the parents' bedroom, situated under the roof, part
of the original roof construction is still visible.

*Des éléments de la toiture originelle sont encore
visibles dans la chambre des parents, située sous les
combles.*

In de ouderslaapkamer, gesitueerd onder de nok, is
nog een overblijfsel van de oorspronkelijke
dakconstructie zichtbaar.

TRANSFORMATION OF A 200-YEAR-OLD FARMHOUSE INTO A CLASSIC CONTEMPORARY COUNTRY HOME

TRANSFORMATION D'UNE FERME DE 200 ANS EN MAISON DE CAMPAGNE CLASSIQUE CONTEMPORAINE

TRANSFORMATIE VAN EEN 200 JAAR OUDE BOERDERIJ TOT KLASSIEK HEDENDAAGS LANDHUIS

This farmhouse, which is more than two hundred years old (built in around 1800), idyllically situated in a magnificent natural landscape near Lier (province of Antwerp),
has recently been transformed into an authentic country house by interior designer *Catherine De Vil*.
The garden has also been thoroughly redesigned: various terraces and an outdoor swimming pool have been added.

Cette ferme de plus de deux siècles (vers 1800), située dans un environnement bucolique et agréable près de Lier (province d'Anvers),
a été récemment transformée en une maison de campagne authentique par l'architecte d'intérieur *Catherine De Vil*.
Même le jardin a été modifié en profondeur : différentes terrasses et une piscine extérieure ont été aménagées.

Deze meer dan twee eeuwen oude hoeve (ca. 1800), idyllisch gelegen in een prachtig natuurlandschap in de omgeving van Lier (provincie Antwerpen),
werd recent getransformeerd tot een authentiek landhuis door interieurarchitecte *Catherine De Vil*.
Ook de tuin werd grondig aangepakt: er werden verschillende terrassen en een buitenzwembad aangelegd.

A view of the back of the early-19th-century farmhouse with a large group of box plants and a magnolia against the wall.

Vue sur la façade arrière de cette ferme du début du XIXe siècle, avec un bel ensemble de buis et un magnolia contre le mur.

Een zicht op de achtergevel van de begin 19de-eeuwse boerderij met een grote partij buxusplanten en tegen de muur een magnolia.

Two terraces, two different atmospheres: one with bluestone slabs and teakwood furniture, the other with traditional bricks placed on their edges and an old oak farm table.

Deux terrasses pour deux atmosphères différentes : l'une avec des dalles en pierre bleu et du mobilier en teck, l'autre avec des briques anciennes posées sur le flanc et une ancienne table campagnarde en chêne.

Twee terrassen, twee verschillende sferen: één met arduinen dallen en teakhouten meubilair, een tweede met op hun kant geplaatste klampsteentjes en een oude eikenhouten boerentafel.

The covered terrace, closed off with wrought-iron windows, is used as a work studio.

La terrasse couverte, fermée par des châssis en fer forgé, est utilisée comme atelier.

Het overdekte terras, dicht gemaakt met smeedijzeren ramen, wordt als werkatelier gebruikt.

The inside of the horizon pool is clad with dark-grey painted polyester. The surround is in treated bluestone.

La cuve de la piscine à débordement est revêtue de polyester peint en gris sombre. Le bord est en pierre bleue écurée.

De kuip van het overloopzwembad is met donkergrijs geschilderde polyester bekleed. Boord in geschuurde blauwe hardsteen.

View from the dining room into the sitting room.

Vue de la salle à manger sur le salon.

Zicht vanuit de eetkamer op het salon.

The library was specially made in aged oak, in harmony with the ceiling. Doors on pivots. The walls have been limewashed.

La bibliothèque a été réalisée sur mesure en chêne teinté gris, pour s'harmoniser avec le plafond. Portes pivotantes et murs chaulés.

De bibliotheek werd op maat gemaakt in vergrijsde eiken: in harmonie met het plafond. Deurtjes op pivots. De muren werden gekalkt.

PP. 130-131
The floor of the studio has been clad with egaline. Whitewashed walls, wrought-iron windows. The sofa is upholstered in white linen. An old walnut-wood wine table and a lamp fitted on a stone console.

Le sol de l'atelier est recouvert d'égaline. Murs blanchis à la chaux, châssis en fer forgé. Le canapé est recouvert de lin blanc. Une table de vigneron ancienne en noyer et une lampe montée sur une console de pierre.

De vloer van het atelier werd met egaline bekleed. Wit gekalkte muren, ramen in smeedijzer. De canapé werd met wit linnen gestoffeerd. Een oud wijntafeltje in notelaar en een lamp gemonteerd op een stenen console.

Reclaimed terracotta tiles have been laid in the sitting room.

Pour le salon, on utilise des tomettes de terre cuite de récupération.

In het salon werden gerecupereerde terracotta tegeltjes geplaatst.

The dining room with an old cement floor in white and black check pattern.
The panelling was specially made following the model of the old sideboard.
Imitation Louis XV chairs. The table is covered with an old English Davenport
service and antique red glassware.

*La salle à manger possède un sol ancien en ciment avec un motif à carreaux
blancs et noirs. Les lambris ont été réalisés sur mesure et en suivant le modèle du
buffet ancien. Chaises de style Louis XV. La table est garnie d'un service anglais
Davenport et de verrerie rouge ancienne.*

*De eetkamer met een oude cementvloer in wit-zwart ruitmotief. De
lambrisering werd op maat gemaakt naar het model van de oude buffetkast.
Stoelen copie Louis XV. De tafel is gedekt met een oud Engels Davenport
servies en antiek rood glaswerk.*

The old oak staircase with its wrought-iron railings is not positioned centrally.

L'ancien escalier en chêne, avec main courante en fer forgé, est excentré.

De oude eiken trap met smeedijzeren leuning zit niet centraal.

The kitchen offers a view of the scullery and looks out onto the front garden and orchard. Old terracotta floor. The kitchen cupboards were custom made in handscraped pine planks that turn on pivots. Plate rack in aged oak.

La cuisine offre une vue sur l'arrière-cuisine et elle est contiguë au verger. Le sol est revêtu de terre cuite ancienne. Les armoires de cuisine sur mesure sont réalisées en planches de pin poncées à la main montées sur pivots. Vaisselier en chêne vieilli et teint en gris.

De keuken biedt een zicht op de bijkeuken en grenst aan de voortuin met de boomgaard. Vloer in oude terracotta. De keukenkasten werden op maat gemaakt in handgekrabde grenen planken die op pivots draaien. Bordenrek in verouderde, versgrijsde eiken.

The scullery. Washing machine and airing cupboard are concealed behind oak doors. An old bluestone washbasin with a brass tap. The brown tiles are from *Emery & Cie*. The dark appearance is livened up with some tortoiseshell tiles. Surfaces with concealed oak supports. Work surface with wrought-iron slat and tiles.

L'arrière-cuisine. La machine à laver et le sèche-linge sont cachés derrière des portes en chêne. Un vieil évier en pierre de taille avec un robinet en cuivre. Les carrelages bruns proviennent de Emery & Cie. De petits carreaux égaient l'ensemble assez sombre. Les tablettes sont maintenues par des supports de chêne invisibles. Le plan de travail allie fer forgé et carrelages.

De bijkeuken. Wasmachine en droogkast zijn verborgen achter eiken deurtjes. Een oude arduinen wasbak met koperen kraan. De bruine tegels zijn van Emery & Cie. Het donkere geheel wordt opgefrist met schildpadtegels. Tabletten met verborgen eiken steunen. Werktablet met smeedijzeren lat en tegels.

The office has been painted in dark-red paints from *Emery & Cie*. Shelving in painted MDF. Floor in aged, dark-polished oak planks. Cowskin rug. An old wing-chair in the original material. Art by photographer *Peter Lindbergh* and painter *Renaat Ivens* (both at *Galery Geukens & De Vil*).

Le bureau est peint en rouge sombre d'*Emery & Cie*. La bibliothèque est réalisée en MDF peint. Le sol se compose d'un plancher en chêne vieilli et ciré en teinte sombre. Tapis en peau de vache. Une *wing-chair* ancienne au tissu original. Des œuvres du photographe *Peter Lindbergh* et du peintre *Renaat Ivens* (exposés tous les deux à la *Galerie Geukens & De Vil*).

Het bureau werd geschilderd met donkerrode verven van *Emery & Cie*. Bibliotheek in geschilderde mdf. Vloer in verouderde, donker geboende eiken planken. Tapijt in koeievacht. Een oude *wing-chair* met originele stof. Kunstwerken van fotograaf *Peter Lindbergh* en schilder *Renaat Ivens* (beide bij *Galerij Geukens & De Vil*).

This dressing room has been whitewashed. The floor is covered with seagrass and an old striped kelim. To the extreme right is an antique oak bed.

Ce dressing a été blanchi à la chaux. Le sol est recouvert de seagrass et d'un kélim rayé ancien. A l'extrême-droite, un lit en chêne ancien.

Deze dressing werd wit gekalkt. De vloer werd bekleed met *seagrass* en een oude gestreepte kelim. Uiterst rechts een antiek eiken bed.

Bathroom floor in old pitchpine planks. Washbasin and bath are clad with Carrara marble. Taps by *Lefroy Brooks*. Lights and old mirrors supplied by *Polyèdre*. A handy clothes basket has been built underneath the dormer window.

Plancher de salle de bains en *pitchpine* ancien. Le lavabo et la baignoire sont recouverts de marbre de Carrare. Robinetterie de *Lefroy Brooks*. Lampes et miroirs anciens de *Polyèdre*. Sous la lucarne, on a prévu une "manne à linge" très pratique.

Badkamervloer in oude *pitchpine* planken. Wastafel en bad zijn bekleed met Carrara marmer. Kraanwerk van *Lefroy Brooks*. Lampen en oude spiegels geleverd door *Polyèdre*. Onder het dakvenster werd een handige "wasmand" gebouwd.

REHABILITATION OF THE HISTORIC VAUCELLEHOF

RESTAURATION DU DOMAINE HISTORIQUE DE VAUCELLE

EERHERSTEL VOOR HET HISTORISCHE VAUCELLEHOF

The historic Vaucellehof is situated between Bruges and the North Sea coast.

The abbey and farmhouse complex belonged to the Vaucelle fathers and includes 17th, 18th and 19th century buildings.

The antiquarian couple *Garnier* acquired this domain in 1999 and started the restoration works that will last until 2007.

Le domaine historique de Vaucelle est situé entre Bruges et la Mer du Nord.

L'abbaye et la ferme appartenaient autrefois aux pères de Vaucelle et comportent des éléments des XVIIᵉ, XVIIIᵉ et XIXᵉ siècles.

Le couple d'antiquaires *Garnier* a acquis ce domaine en 1999 et a entamé des travaux de restauration qui dureront jusqu'en 2007.

Het historische Vaucellehof is gelegen tussen Brugge en de Noordzeekust.

Het klooster- en hoevecomplex behoorde toe aan de Vaucellepaters en omvat 17de-, 18de- en 19de-eeuwse gebouwen.

Het antiquairsechtpaar *Garnier* verwierf dit domein in 1999 en startte met de restauratiewerken die nog tot in 2007 zullen duren.

The main building dates from the nineteenth century and was restored in an authentic way: the façade was lime washed, the roof tiles were recycled, dormer windows were added, …
Alain Garnier was searching for years for the most beautiful antique building materials: natural stone and wooden floors, cobblestones, etc.

Le bâtiment principal date du XIXe siècle et a été restauré de manière authentique : la façade a été chaulée à l'ancienne, les tuiles ont été récupérées, des chiens-assis ont été rajoutés,… *Alain Garnier* a recherché pendant des années les plus beaux matériaux anciens : pierres naturelles et planchers, pavés,…

Het hoofdgebouw dateert uit de negentiende eeuw en werd op authentieke wijze gerestaureerd: de gevel werd gekaleid, de dakpannen werden gerecupereerd, dakkapellen werden toegevoegd, … *Alain Garnier* was jarenlang op zoek naar de mooiste antieke bouwmaterialen: natuurstenen en houten vloeren, kasseien, …

Behind the two buildings on the foreground a glimpse of the orangery, where the workshops and storehouses of the antique business *Garnier* will be housed. Another two barns (60 and 48 m long) remain to be restored …

Derrière les deux bâtiments à l'avant-plan, on aperçoit l'orangerie, où viendront se loger les ateliers et les dépôts de la galerie d'antiquités *Garnier*. Il reste encore deux granges à restaurer (longues de 60 m et 48 m)…

Achter de twee gebouwen op de voorgrond een glimp van de orangerie, waar de ateliers en depots van de antiekzaak *Garnier* zullen komen. Er resten ook nog twee schuren (60 en 48 m. lang) te restaureren …

PP. 146-148
The 18th century sags in bluestone were found in the barn and reused for the terrace. Garden furniture *Gloster* and 19th century olive pots from Valencia.

Les dalles du XVIIIe siècle en pierre bleue ont été trouvées dans une grange et réutilisées pour la terrasse. Mobilier de jardin *Gloster* et oliviers en pots du XIXe siècle originaires de Valence.

De 18de-eeuwse dallen in blauwe hardsteen werden in de schuur gevonden en hergebruikt voor het terras. Tuinmeubilair *Gloster* en 19de-eeuwse olijfpotten uit Valencia.

149-151

The small building, connected to the main building, was used as a pigsty in the past. Everything was dismantled inside by *Garnier*. A new cane roof was also installed.

Le petit bâtiment, relié au bâtiment principal, servait autrefois de porcherie. Tout a été démonté par Garnier et l'ensemble a été recouvert d'un toit de chaume.

Het kleine gebouw, dat verbonden is met het hoofdgebouw, deed vroeger dienst als varkensstal. Binnen werd alles ontmanteld door *Garnier*. Er kwam ook een nieuw rieten dak.

152-153

The cast iron windows provide an optimal view of the vast landscape.

Les châssis en fer forgé offrent une vue optimale sur la campagne environnante.

De smeedijzeren ramen zorgen voor een optimaal zicht op het weidse landschap.

Alain Garnier found a magnificent Belgian Gris d'Ardennes natural stone floor at his friend's *Rik Storms* in exceptional dimensions: stones of 2 to 3 m long and to one and a half metres wide… An 18th century Régence seat with original silk fabric. The large painting of a Flemish Master is from a Bruges convent. A 19th century lantern. Above the antique washbasin, found in Paris, a red tortoiseshell mirror from seventeenth century ebony.

Alain Garnier a trouvé chez son ami *Rik Storms* un magnifique sol de pierre naturelle belge Gris d'Ardennes dans des dimensions exceptionnelles : des pierres de 2 à 3 m de long sur 50 cm de large maximum… Un fauteuil Régence du XVIIIe en soie d'origine. Le grand tableau d'un Maître Flamand provient d'un couvent de Bruges. Une lanterne du XIXe siècle. Sous l'évier ancien, trouvé à Paris, un miroir rouge du XVIIe en ébène.

Alain Garnier vond bij zijn vriend *Rik Storms* een prachtige Belgische Gris d'Ardennes natuursteenvloer in uitzonderlijke maten: stenen van 2 à 3 m. lang en tot anderhalve meter breed … Een 18de-eeuwse Régence zetel met originele zijden stof. Het grote schilderij van een Vlaams Meester is afkomstig uit een Brugs klooster. Een 19de-eeuwse lantaarn. Boven de antieke wastafel, gevonden in Parijs, een rode schildpadspiegel uit de zeventiende eeuw in ebbenhout.

PP. 156-157

The cloakroom cupboards (at the back of the photograph) are made from 19th century antique doors. The stairs are made from oak.

Les armoires du vestiaire (à l'arrière-plan) ont été réalisées à partir de portes du XVIIIe siècle. Escalier en chêne.

De vestiairekasten (achteraan op de foto) zijn gemaakt van 18de-eeuwse antieke deuren. De trap is in eiken uitgevoerd.

The large settee was tailor made by *Garnier* ("Zen" model), here with a woven linen "celadon" covering. The eighteenth century hearth is made in a marblesque Burgundian limestone. Taffeta curtains. Lighting by *Hillite*. Antique seats from the seventeenth and eighteenth century and an old parquet floor in Hungarian design.
The coffee table is made from old elm tabletops on a cast iron base.

Le grand canapé a été fait sur mesure par *Garnier* (modèle "Zen"), avec un tissu en lin "céladon" de production maison. La cheminée du XVIIIe est composée de pierre de Bourgogne imitation marbre. Rideaux en taffetas. Eclairage *Hillite*. Sièges anciens des XVIIe et XVIIIe siècles et parquet ancien en point de Hongrie.
La table du salon est en orme ancien laminé sur une structure de fer forgé.

De grote canapé wordt door *Garnier* op maat gemaakt (model "Zen"), hier met een zelf geweven linnen "celadon" bekleding. De achttiende-eeuwse schouw is gemaakt in een marmerachtige Bourgondische kalksteen. Gordijnen in taffetas. Verlichting van *Hillite*. Antieke zetels uit de zeventiende en de achttiende eeuw en een oude parketvloer in Hongaarse punt.
De salontafel is gemaakt van oude olmen tafelbladen op een smeedijzeren onderstel.

An exceptional set of eight "os de mouton" chairs that were covered in linen by *Garnier*. A silk tablecloth with gold thread by Etro. In the background an early 18th century walnut Louis XV wainscoting / library. A chandelier by *Baguez* and to the right on the large photograph a white albino tortoiseshell.

Une série exceptionnelle de 8 chaises "os de mouton" revêtues de lin par *Garnier*. Nappe en soie et fils d'or d'Etro. En arrière-plan, des boiseries et une bibliothèque en noyer de style Louis XV du début du XVIIIᵉ siècle. Lustre *Baguez* et, à droite sur la grande photo, une carapace de tortue albinos.

Een uitzonderlijk stel van acht "os de mouton" stoelen die door *Garnier* met een linnen stof werden bekleed. Een tafelkleed in zijde met gouddraad van Etro. Op de achtergrond een vroeg 18ᵈᵉ-eeuwse Louis XV boiserie / bibliotheek in notelaar. Een luchter van *Baguez* en rechts op de grote foto een witte albino schildpadschelp.

Above a Louis XIV "fauteuil à crémaillères"; at the bottom an "os de mouton" settee.
Walnut parquet flooring (18th century).

En haut, un "fauteuil à crémaillères" Louis XIV ; en dessous, un canapé "os de mouton".
Parquet en noyer (XVIIIᶜ siècle).

Boven een Louis XIV "fauteuil à crémaillères" ; onderaan een "os de mouton" canapé.
Parketvloer in notelaar (18ᵈᵉ-eeuws).

A painting with a traditional scene by *Faustino Bocchi* (called "Bocchini", 1659-1742) above a wooden hearth. The seventeenth century elm floor was found in Lille.

Une peinture avec une scène populaire de *Faustino Bocchi* (dit "Bocchini", 1659-1742) surmonte la cheminée en bois. Le plancher en orme du XVIIᵉ a été trouvé à Lille.

Een schilderij met een volks tafereel van *Faustino Bocchi* (dit "Bocchini", 1659-1742) boven een houten schouw. De zeventiende-eeuwse vloer in olmen werd in Rijsel gevonden.

The bespoke wainscoting (both in old and new wood) is one of
Garniers' main specialities.

Les boiseries sur mesure (qu'elles soient neuves ou anciennes) sont
l'une des grandes spécialités de *Garnier*.

Het op maat realiseren van boiserieën (zowel in oud als nieuw hout)
is één van *Garniers* grote specialiteiten.

166-167
A wine table and an 18th century Swedish occasional table around a tailor-made
"Zen"-settee by *Garnier* 3.60 m long. The square canvas is by *Tiepolo*.

Une table à vin et une petite table suédoise du XVIIIe siècle autour d'un canapé de
3,60 m de long réalisé sur mesure par *Garnier*. La toile carrée est de *Tiepolo*.

Een wijntafeltje en een 18de-eeuwse Zweeds bijzettafeltje rond een door *Garnier* op
maat gemaakte "Zen"-canapé van 3,60 m. lang. Het vierkante doek is van *Tiepolo*.

The *master bedroom*. Two works by *Bernar Venet* above
an 18th century Italian console table.

La *master bedroom*. Deux œuvres de *Bernar Venet*
surmontent une console italienne du XVIIIe.

De *master bedroom*. Twee werken van *Bernar Venet* boven
een 18de-eeuws Italiaanse console.

A work by *Marie-Jo Lafontaine*. The bedspread was embroidered by *Garnier*. Linen curtains.

Une œuvre de *Marie-Jo Lafontaine*. Le couvre-lit a été brodé par *Garnier*. Rideaux en lin.

Een werk van *Marie-Jo Lafontaine*. De bedsprei werd door *Garnier* gebrodeerd. Linnen gordijnen.

On the left of the photograph two works by *Sugimoto*.

A gauche sur la photo, deux œuvres de *Sugimoto*.

Links op de foto twee werken van *Sugimoto*.

A Roman bath in Carrara marble (17th century).
The floor, also in old Carrara marble, was
supplied by *Rik Storms*.

Une baignoire romaine en marbre de Carrare
(XVIIe siècle). Le sol, également en marbre de
Carrare ancien, a été fourni par *Rik Storms*.

Een Romeins bad in Carraramarmer (17de eeuw).
De vloer, eveneens in oude Carraramarmer, werd
door *Rik Storms* geleverd.

On the extreme right a 17th century Portuguese art cabinet in ivory and ebony.

A l'extrême-droite, un cabinet d'art portugais du XVIIe en ivoire et ébène.

Uiterst rechts een 17de-eeuws Portugees kunstkabinet in ivoor en ebbenhout.

The shower walls were covered in Carrara marble. The vaulted ceiling is finished in tadelakt.

Le mur de la douche est recouvert de marbre de Carrare. Le plafond courbe est revêtu de tadelakt.

De douchewand werd met Carraramarmer bekleed. Het gebogen plafond is in tadelakt uitgevoerd.

The linen-room with terracotta floor and traditional Moroccan zeliges as a wall covering.

La lingerie, au sol en terre cuite. Des zelliges artisanaux marocains couvrent les murs.

De linnenkamer met terracotta vloer en Marokkaanse artisanale zeliges als wandbekleding.

174-175
The guest room with English inspiration: a mahogany 18th century library and antique parquet floor, also in mahogany. Bed linen by *Shabby Chic*.

La chambre d'amis est d'inspiration anglaise : bibliothèque en acajou du XVIIe et parquet ancien, également en acajou. Draps de Shabby Chic.

De Engels geïnspireerde gastenkamer: een mahoniehouten 18de-eeuws bibliotheek en antieke parketvloer, eveneens in mahonie. Bedlinnen van Shabby Chic.

The door to the linen-room. All walls were painted with lime wash. Cast iron banisters. Oak double plinth.

La porte de la lingerie. Tous les murs ont été chaulés. Main courante en fer forgé. Plinthes doubles en chêne.

De deur naar de linnenkamer. Alle wanden werden met kalkverven geschilderd. Trapleuning in smeedijzer. Dubbele plint in eiken.

A view of the girls' bathroom.

La salle de bains des filles.

Een zicht op de meisjesbadkamer.

The hall of the two children's rooms, with an antique English *hall bench.*

Le hall des deux chambres d'enfant, avec un *hall bench* anglais ancien.

De hal van de twee kinderkamers, met een antieke Engelse *hall bench.*

The guest bedroom is covered in an eighteenth century "Gris Ste Anne" natural stone floor. The hand basin is by *Lerou.*

Le sol de la chambre d'amis est réalisé en pierre naturelle "Gris Ste Anne" du XVIIIe. Evier de *Lerou.*

De gastenbadkamer is bekleed met een achttiende-eeuwse "Gris Ste Anne" natuursteenvloer. De wastafel is van *Lerou.*

The boy's room. A
Swedish chest of drawers
between the two beds.

*La chambre de garçon.
Entre les deux lits, une
commode suédoise.*

De jongenskamer.
Tussen de twee bedden
een Zweedse commode.

The girls' room.
The bed is covered with *Ralph Lauren* fabrics. A wine table
on the left, old farmer's furniture from Drente on the right.

*La chambre des filles.
Le lit est garni de tissus Ralph Lauren. A gauche une table à
vin, à droite un meuble rustique ancien de Drent.*

De meisjeskamer.
Het bed is bekleed met *Ralph Lauren* stoffen. Links een
wijntafeltje, rechts een oud Drents boerenmeubeltje.

<<<
The entire second floor is reserved for the two children. A Canadian
Adirondacks rocking chair beside a moose head and wooden interior
shutters. An antique pine cheeseboard floor.

*Le deuxième étage est réservé aux deux enfants. Un fauteuil à bascule
canadien Adirondacks côtoie une tête d'élan et des volets intérieurs
en bois. Plancher ancien de planches à fromages et pin.*

De hele tweede verdieping is voorbehouden aan de twee kinderen.
Een Canadese Adirondacks schommelstoel naast een elandkop en
houten binnenluiken. Een oude grenen kaasplankenvloer.

RESTORED WITH A GENTLE TOUCH

RESTAURATION EN DOUCEUR

MET ZACHTE HAND GERESTAUREERD

A historic farmhouse was restored in an extremely respectful way by the Brussels interior designer *François Marcq*:
with respect for nature and the rural environment, for the character of the house and for the authentic atmosphere they radiate.
With minimal interventions he provided an ageless and yet contemporary whole.

Une ferme historique a été restaurée par l'architecte d'intérieur bruxellois *François Marcq* d'une manière extrêmement respectueuse :
en accord avec la nature et l'environnement rural, sans oublier le caractère de l'habitation et l'authenticité qu'elle dégage.
Par des interventions minimes, il est parvenu à créer un ensemble intemporel et contemporain à la fois.

Een historische hoeve werd door de Brusselse interieurarchitect *François Marcq* op uiterst respectvolle wijze gerestaureerd:
met eerbied voor de natuur en de landelijke omgeving, voor het karakter van de woning én voor de authenticiteit die deze alle uitstralen.
Met minieme ingrepen zorgde hij voor een tijdloos en toch hedendaags geheel.

Respect for the authentic character of the farmhouse and its natural environment: the architecture remained intact and is integrated even better in the landscape.

Respect du caractère authentique de la ferme et de son environnement naturel : l'architecture est restée intacte et a été encore mieux intégrée dans le paysage.

Respect voor het authentieke karakter van de hoeve en haar natuurlijke omgeving: de architectuur bleef intact en werd nog beter in het landschap geïntegreerd.

A few new window openings create light and openness.

Quelques nouvelles fenêtres apportent lumière et transparence.

Enkele nieuwe vensteropeningen creëren licht en transparantie.

The living room was housed in the barn: its size was not changed at all. The beamed ceiling, the roof timbers and the old floors were also preserved.

Le salon a été installé dans la grange : les volume n'ont pas été modifiés. Le plafond aux poutres apparentes, la charpente et les sols anciens ont également été conservés.

Het salon werd in de schuur ondergebracht: aan de volumeterie werd niets gewijzigd. Het balkenplafond, de kapconstructie en de oude vloeren bleven eveneens behouden.

The contribution by the resident was of primordial importance in this project: her rich collection of art, furniture and curiosities ensured a very personal and eclectic whole. The perspectives and incidence of light created are also very important.

La contribution de la propriétaire était primordiale dans ce projet : sa riche collection d'œuvres d'art, de meubles et de curiosités forme un ensemble très personnel et éclectique. Les perspectives créées et les jeux de lumière sont également très importants.

De inbreng van de bewoonster was primordiaal in dit project: haar rijke verzameling kunstwerken, meubelstukken en curiosa zorgt voor een zeer persoonlijk en eclectisch geheel. Ook de gecreëerde perspectieven en de lichtinval zijn van groot belang.

The stainless steel kitchen is an original design by *François Marcq* with *Bulthaup* elements. As in the past the kitchen is the central element of the farmhouse here: you have to pass through it to reach the sitting room.

La cuisine en inox est un projet original de *François Marcq* avec des éléments *Bulthaup*. Comme autrefois, la cuisine forme l'élément central de la ferme : on doit y passer pour atteindre le salon.

De keuken in inox is een origineel ontwerp van *François Marcq* met *Bulthaup* elementen. Net zoals vroeger vormt de keuken hier het centraal element van de hoeve: men moet er langs om in de zitkamer te komen.

The night time areas were floored with distressed oak floorboards. All bespoke furniture was coloured.

Les chambres sont revêtues d'un plancher en chêne vieilli. Tout le mobilier, réalisé sur mesure, a été teinté.

De nachtvertrekken werden bekleed met een verouderde eiken plankenvloer. Alle maatmeubilair werd getint.

The bathroom – a design by *François Marcq* - is panelled in Pietra Serena natural stone.
Tap work by *Vola*, bath and hand basins designed by *Starck*.

La salle de bains – dessinée par *François Marcq* – est recouverte de pierre naturelle Pietra Serena.
Robinetterie *Vola*, baignoire et éviers dessinés par *Starck*.

De badkamer – een ontwerp van *François Marcq* - is bekleed met een Pietra Serena natuursteen.
Kraanwerk van *Vola*, bad en wastafels ontworpen door *Starck*.

CONTEMPORARY TRANSFORMATION OF AN 18TH CENTURY FARMHOUSE

TRANSFORMATION CONTEMPORAINE D'UNE FERME DU XVIIIE SIÈCLE

HEDENDAAGSE TRANSFORMATIE VAN EEN 18DE-EEUWSE HOEVE

An eighteenth century farmhouse experienced a complete metamorphosis under the impulse of the Brussels interior design office *Instore*:
walls were removed, small spaces were transformed into one large whole, and ceilings were opened or raised.
After the restoration works the whole appears very contemporary: a pure design and sober palette of colours in this farmhouse that is over two centuries old.

Sous la houlette du bureau d'architecture bruxellois *Instore*, l'intérieur de cette ferme du XVIIIe siècle a subi une transformation radicale :
les murs ont été abattus, de petits espaces ont été recréés au sein d'un grand ensemble et les plafonds ont été ouverts ou rehaussés.
Depuis les travaux de restauration, l'ensemble paraît très contemporain : des formes épurées et une palette de couleurs sobres cohabitent dans cette ferme de plus de deux siècles.

Een achttiende-eeuwse hoeve onderging onder impuls van het Brusselse interieurbureau *Instore* binnenshuis een complete metamorfose:
muren werden weggehaald, kleine ruimten werden herschapen in één groot geheel, plafonds werden geopend of verhoogd.
Het geheel oogt na de restauratiewerken zeer eigentijds: een uitgezuiverde vormgeving en een sober kleurenpalet in deze meer dan twee eeuwen oude boerderij.

Slightly distressed, brushed oak floorboards were placed throughout the living areas of this restored, eighteenth century farmhouse.

Tous les espaces de vie ont été restaurés et on a placé dans cette ferme du XVIIIᵉ un plancher en chêne poli légèrement teinté en gris.

In alle woonruimten van deze gerestaureerde, achttiende-eeuwse hoeve werd een lichtgrijs getinte, geborstelde eiken plankenvloer geplaatst.

The music room with a "Ground Piece" sofa by *Flexform*. The standard lamp next to the piano is by *Manufactor*.

La salle de musique avec une banquette "Ground Piece" de *Flexform*. Le lampadaire à côté du piano est de *Manufactor*.

De muziekkamer met een zitbank "Ground Piece" van *Flexform*. De staanlamp naast de piano is van *Manufactor*.

PP. 206-209
"Victor Large" settees by *Flexform* around an oak coffee table, designed and tailor-made by *Instore*, as is the cement chimneybreast.

Canapés "Victor Large" de *Flexform* autour d'une table de salon en chêne, dessinée sur mesure par *Instore*, tout comme la cheminée cimentée.

Canapés "Victor Large" van *Flexform* rond een salontafel in eiken, ontworpen en op maat gemaakt door *Instore*, net zoals de gecementeerde schouw.

The dining room chairs are by *Flexform* ("Alice" model); the oak table is tailor-made by *Instore*.

Les chaises de la salle à manger sont de *Flexform* (modèle "Alice") ; la table en chêne a été réalisée sur mesure par *Instore*.

De eetkamerstoelen zijn van *Flexform* (model "Alice"); de eikenhouten tafel is op maat gerealiseerd door *Instore*.

Harmony of natural colours and materials.

Harmonie de couleurs et de matériaux naturels.

Harmonie van natuurlijke kleuren en materialen.

214-217
The kitchen, finished in stainless steel, was also designed by *Instore*. The stove is by *Viking*.
"Paludis" stools by *Alias*.
An existing double sink in bluestone was recovered for the kitchen.

La cuisine, réalisée en inox, a également été dessinée par *Instore*. La cuisinière est de *Viking*.
Tabourets "Paludis" d'*Alias*.
Un double évier en pierre bleue a été récupéré dans la cuisine.

De keuken, uitgevoerd in inox, werd eveneens door *Instore* ontworpen. Het kookfornuis is
van *Viking*. Tabourets "Paludis" van *Alias*.
Een bestaande dubbele wasbak in blauwe hardsteen werd voor de keuken gerecupereerd.

A "Tolomeo" hanging light by *Artemide* above an oak desk designed by *Instore*. A "Posa" armchair by *Flexform*.

Une lampe suspendue "Tolomeo" d'*Artemide* au-dessus d'un bureau en chêne signé *Instore*. Un fauteuil "Posa" de *Flexform*.

Een "Tolomeo" hanglamp van *Artemide* boven een door *Instore* ontworpen bureau in eiken. Een fauteuil "Posa" van *Flexform*.

The sleeping areas were also finished with distressed and brushed oak floorboards.
The side of the shower and bath are finished with Pietra Serena natural stone.

Les chambres, où l'on a également installé un plancher en chêne poli et teinté en gris.
La douche et la baignoire sont revêtues de pierre naturelle Pietra Serena.

Ook de nachtvertrekken werden met vergrijsde en geborstelde eiken planken
afgewerkt. Douchewand en bad zijn bekleed met Pietra Serena natuursteen.

ADDRESSES

ADRESSES

ADRESSEN

Boens Stéphane
Architect
Latemstraat 118
B – 9830 Sint-Martens-Latem
TEL.: +32 (0)9 281 02 24
FAX: +32 (0)9 282 99 16

De Clerck Bernard
Architect
Aarselestraat 18
B – 8700 Aarsele
TEL.: +32 (0)51 63 61 39
FAX: +32 (0)51 63 52 15
info@bernarddeclerck.be

De Vil Catherine
Interior Architect
Kruisstraat 45
B – 2500 Lier
TEL.: +32 (0)495 57 25 55
catherine@omnibis.be

Garnier Brigitte & Alain
Antiques & Interior Architecture
Warehouse & Office
Kroonstraat 32
B – 8000 Brugge
TEL. : +32 (0)50 31 31 19
FAX : +32 (0)50 32 18 31
Zeewindestraat 4
B- 8300 Knokke-Zoute
TEL. : +32 (0)50 625 625
www.garnier.be
info@garnier.be

Instore
Interior Architecture
rue Tenbosch 90-92
B – 1050 Brussels
TEL.: +32 (0)2 344 96 37
FAX: +32 (0)2 347 59 59
www.instore.be
info@instore.be

Marcq François
Interior Architect
rue Fernand Neuray 8
B – 1050 Brussels
TEL.: +32 (0)2 513 13 28
francoismarcq@skynet.be

Storms Rik
Architectural Antiques
Aland 4
B – 2811 Leest
TEL. : +32 (0)15 71 25 35
FAX : +32 (0)15 71 41 49
www.rikstorms.com
info@rikstorms.com

Vervoordt Axel
Antiques & Interior Architecture
Castle of 's-Gravenwezel
St. Jobsteenweg 64
B – 2970 's-Gravenwezel
TEL.: +32 (0)3 658 14 70
"Kanaal"
Stokerijstraat 15-19
B – 2110 Wijnegem
TEL.: +32 (0)3 355 33 00
www.axel-vervoordt.com

PUBLISHER

BETA-PLUS
Termuninck 3
B - 7850 Enghien
TEL.: +32 (0)2 395 90 20
FAX: +32 (0)2 395 90 21
www.betaplus.com
betaplus@skynet.be

CO-PUBLISHER THE NETHERLANDS
Terra, Warnsveld

PHOTOGRAPHER
Jo Pauwels (pp. 10-179 & pp. 200-221)
Jean-Luc Laloux (pp. 180-199)

DESIGN
Polydem - Nathalie Binart

TEXT
Wim Pauwels

ENGLISH TRANSLATION
Laura Watkinson & TxT-Ibis

TRADUCTION FRANCAISE
TxT-IBIS

ISBN
English version   9077213341
Version française 2-930367-26-1
Nederlandstalige versie 9077213279

D/2005/8232/9

NUGI 648-656